AF189647

ERNST FERSTL

ZUSAMMEN SIND WIR HERZZERREISSEND

Gedichte

VERÄNDERTE NEUAUFLAGE 2018

Herstellung und Verlag:
        BoD - Books on Demand
        Norderstedt

        ISBN 978-3-7460-6461-1

Copyright Gedichte:
        Ernst Ferstl
        www.gedanken.at

Cover & Satz:
        Monika Schweitzer
        www.grafikdesignbykiss.com

ERWARTUNGSHALTUNG

Ich werde dir weder wöchentlich
die Sterne vom Himmel, noch täglich
die Semmeln vom Bäcker holen.

Ich verspreche dir
weder den siebenten Himmel,
noch die sechste Hölle.

Ich versetze für dich
weder Berge, noch Täler.

Ich werde dir
weder jeden Wunsch von den Augen,
noch von deinen Ohrwascheln ablesen.

Ich werde dich weder immer
auf Händen tragen,
noch dir zu Füßen fallen.

Es sei denn,
du erwartest es
nicht von mir.

Zwischen Himmel und Erde

Da liege ich nun
in der Hängematte deines Lächelns,
baumle mit einem Sack
voller Gedanken und Gefühle
weit über dem Boden des Alltäglichen,
den Blick himmelwärts gerichtet,
eingewickelt in ein Bündel
liebkosender Sonnenstrahlen,
tief getroffen und berührt
von deiner grenzenlosen Zutraulichkeit,
und weiß weder ein noch aus.

Da liege ich also
in der Hängematte deines Lächelns,
merke,
dass du mir liegst,
fühle,
dass ich auf dich stehe,
und hoffe,
dass sich in den Augenblicken
unseres Glücks
die Ewigkeit ein Denkmal setzt.

Unser Zuhause

Wo sich meine Wege
mit den deinen kreuzen,
werden wir ein Feuer entfachen,
das uns Wärme
und Licht schenkt.
Wir werden dort
ein Liebes-Naturschutzgebiet gründen
mit unseren Gedanken und Gefühlen,
ein Haus bauen
aus Augenblicken,
die uns zu Herzen gehen.

Und wenn wir dann
noch immer nicht genug
bekommen können voneinander,
gehen wir uns einfach
nicht mehr
aus dem Sinn.

WIR TREIBEN ES BUNT

Wenn ich so
an deine braunen Äuglein
und meine roten Wangen
denke,
an deine weißen Flecken
und meinen schwarzen Humor,
an deine roten Lippen
und meine grünen Lieblingswiesen,
an deine schwarzen Haare
und meine weiße Weste,
an deine violetten Wunder
und meine blauen Tage
und Nächte mit dir,
an deine bunten Träume
und meine rosarote Brille –
dann stelle ich befriedigt fest:

Wir beide
treiben es ganz schön bunt
miteinander.

LOSLASSEN

Ich
lass mich
los.

Du
lässt dich
los.

Wir
lassen uns
los.

Grundlos.
Bedingungslos.
Zeitlos.

Ganz schön
was los
bei uns!

TAG UND NACHT

Tag für Tag
lege ich
meine Hand
für dich
ins Feuer.

Nacht für Nacht
darf ich mir dafür
bei dir
meine Finger
verbrennen.

Auf der Suche nach dir

Überall
habe ich dich gesucht:
hinter deinem versteckten Lächeln,
zwischen den Briefzeilen,
über den weißen Schäfchenwolken,
unter der warmen Decke.
Da und dort
habe ich dich vermutet.
Aber du warst spurlos verschwunden.

Ich suchte dich
im Garten meiner Träume,
im Schloss meiner Erinnerungen,
im Boot meiner Hoffnungen.
Vergeblich.

Als ich meine Suche aufgab,
warst du plötzlich wieder da.
Ich hatte -
verzeih mir meine Dummheit -
ich hatte vergessen,
dass du mir ja bereits
ans Herz gewachsen warst.

Eine kostbare Stärke

Sensibel zu sein
ist keine Schwäche,
sondern
eine kostbare Stärke.

VISION

Du,
wir schneiden uns
täglich und nächtlich
eine Scheibe ab
von der Unendlichkeit
unserer Zuneigung,
legen sie
auf das tägliche Brot
unseres Zusammenlebens -
und lassen uns
diese Leibspeise
auf der Zunge
unserer Herzen
zergehen.

Im Garten der Liebe

Freudestrahlend
erforschten wir
heimlich,
Herz an Herz,
den Garten der Liebe.
Da überraschte uns
die Sonne
mitten im Gräsermeer –
und wir schmolzen dahin.

Was aus uns
geworden ist,
willst du wissen?
Na gut,
ich werde es dir flüstern:
Ein einziger,
wunderbarer Wassertropfen,
in dem sich
alle Farben des Himmels
spiegelten.

Eintauchen

Lass mich eintauchen,
in deine Höhen und Tiefen,
unter deine Oberfläche,
in deine Unterwelt.

Lass mich eintauchen
in deine Träume und Sehnsüchte,
in deine Bilderwelt,
in deine Vorstellungen
und Unsicherheiten.

Lass mich eintauchen
in dein geheimnisvolles
Urvertrauen und Selbstbewusstsein,
in deine faszinierende
Innenwelt und dein So-Sein.

Lass mich eintauchen
in deine Welt und dein Da-Sein.
Aber lass mich,
bitte,
dabei nicht untergehen.

WANGE AN WANGE

Dir hautnah
wie die Gräser dem Boden,
verwurzelt
wie ein Baum
in deinen Gedanken,
verankert
wie ein Schiff
in deiner Seele,
geborgen
wie ein Fötus
in deinem Herzen,
eingewickelt
in zärtliche Gesten,
geschmückt
mit maßloser Zuneigung.

So möchte ich
mit dir,
Wange an Wange,
Herz an Herz,
der Dunkelheit entfliehen.

An der Küste des Verstehens

An der Küste des Verstehens
wollen wir uns eingraben
in den warmen Sand
unserer Zuneigung,
damit wir zur Stelle sind,
wenn uns die Gefühlswellen
hinwegtragen
über die Dämme unserer Angst
voreinander
und vor dem,
was da auf uns zukommt –
und uns
das Meer des Einsseins
zum Eintauchen und Versenken
ruft.

VERMEHRUNG

Begonnen
hat unsere Beziehung
mit einem herzlichen Lächeln.

Hast du
schon bemerkt,
was daraus
geworden ist?

Es sind
zwei lachende Herzen.

EIN UNBESCHREIBLICHES GEFÜHL

Es war mir,
als ob sich
der Himmel
jeden Moment
auf mich stürzt,
als ob mich
der Atlantische Ozean
als Spielzeug
hin und her wirft,
als ob sich
die Sonne
ausgerechnet in mir
versteckt –
und dabei
hast du mir
doch nur
die Wange gestreichelt.

Zwischen uns

Was noch
zwischen uns ist,
soll ruhig dort bleiben.
Durch diese Zwischenräume
und Zwischenzeiten,
diese Zwischenspiele
und Zwischenfälle,
diese Zwischentöne
und Zwischenrufe,
diese Zwischenergebnisse
und Zwischenlösungen erst,
wird unsere
zwischenmenschliche Beziehung
zur Begegnung
zwischen dir und mir,
zwischen uns
und dem Rest der Welt.

HORIZONTERWEITERUNG

Ich bin
nicht nur ICH,
ich bin auch
DU und WIR.

Am Ufer des Augenblicks

Lass und Zeit nehmen
füreinander.
Lass uns die Böschung
der Vergänglichkeit
mit unvergesslichen Stunden
und Augenblicken befestigen,
gegen den Strom der Zeit
anschwimmen.
Lass uns verweilen
am Ufer des Augenblicks,
bis unsere Sehnsucht
groß und stark
genug ist,
dass sie
den langen Weg
ins Meer der Geborgenheit
ohne unterzugehen
schaffen kann.

WANDLUNG

Die Hitze unserer
leidenschaftlichen Begegnungen
hat sich mit der Zeit
in eine angenehme Wärme
des Miteinander-Seins
verwandelt.

Aber das braucht uns
nicht zu beunruhigen:
Denn diese heimelige Wärme
schafft es noch immer
spielend,
die Kälte der Gewohnheit
und der Gleichgültigkeit
von unseren Herzen
fernzuhalten.

NOCH GESCHWIND LEBEN

Noch geschwind
ein paar sehnsüchtige Blicke
zum Himmel werfen
und der Unendlichkeit
tief in die Regenbogenaugen schauen.

Noch schnell
das Feuer der Hoffnung entzünden
und alle Zweifel und Ängste verbrennen.

Noch geschwind
die Quellen der Missverständnisse
trockenlegen und Wasser
auf die Mühlen des Verstehens leiten.

Noch schnell
alles Überflüssige zum Teufel jagen
und eine Herde Zärtlichkeit
abfangen zwischen Herz und Hirn.

Noch geschwind
dem Leben ins Genick springen
mit aller Kraft
und die Liebe
unter dem Teppich der Alltäglichkeit
hervorholen.

Noch geschwind leben,
bevor uns die Dunkelheit
ihren dicken Mantel zuwirft.

EINKAUFSZETTEL

Ein Packerl Sonnenstrahlen,
eisgekühlt.
Eine Kiste Glückseligkeit,
mit Reinheitsgarantie.
Ein Sack voll Zärtlichkeit,
mindestens,
wenn nicht mehr.
Eine Familienpackung Lust,
ohne Nebenwirkungen.
Ein Kanister Himmel auf Erden,
mit Reservetank.
Eine Dose Zufriedenheit,
ohne Treibgas.
Eine Riesenportion Träume,
mit Wirklichkeitszertifikat.
Eine ganze Menge Liebe,
lebenslang.

GEFÜHLSBAD

Als ich
nach unserer
unbeschreiblich schönen
Begegnung
ein Bad
in meinen Gefühlen
nahm,
bemerkte
und sah ich erst,
wie dreckig
es mir
vorher
gegangen war.

ENDLICH!

Deine umwerfende
und entwaffnende
Aufrichtigkeit
hat mir
– endlich –
die Maske
vom Gesicht gerissen.

Jetzt darf
und kann ich
– endlich –
so sein,
wie ich bin.

Ertragreich

Wenn wir
einander tragen,
wenn wir
einander
ertragen,
wird alles
in unserem Leben
erträglich
und ertragreich
werden.

MATHEMATIK

Lass uns
nie
den kleinsten
gemeinsamen Nenner
suchen,
sondern
immer nur
das größte
gemeinsame Vielfache.

Tägliches Wunder

Ich hoffe
auf das tägliche Wunder,
darauf,
dass aus deinem
Ozean an Lebendigkeit
und meinem Bächlein
Herzlichkeit,
eine Quelle
der Glückseligkeit
für uns beide
wird.

VERTRAUEN

Meine Zuneigung
zu dir
und deine Erwiderung
haben mich
so stark gemacht,
dass es mir
leicht fällt,
dir
meine Schwächen
anzuvertrauen.

Ein Wegweiser

Es gibt
sehr viele Wege,
um einen Menschen
kennen zu lernen,
aber nur einen,
um einen Menschen
lieben zu lernen:
den der Liebe.

Auferstehung

Seit sich
unser Hochmut
über unsere
tollpatschige,
komische
und armselige Liebe
totgelacht hat,
hat sie erst
so richtig
zu wachsen,
zu blühen
und zu reifen
begonnen.

ZUSATZ

Es ist
unendlich wichtig,
dass wir
uns lieben
und dass wir
aus unserer Liebe
etwas machen.

Noch wichtiger ist,
was die Liebe
aus uns macht.

KEINE FRAGE

Liebenden
stellt sich
die Frage
nach dem Sinn
des Lebens
nicht.

Sie sind
bereits
die Antwort
darauf.

ENTWICKLUNG

Unsere Beziehung
entwickelt sich
prächtig:
ein Wickel
nach dem anderen.

Aber wenn wir
diese zu lösen
imstande sind,
wird sich unsere Liebe
weiterentwickeln,
voll entwickeln können.

Und wir werden
den roten Faden,
der uns verbindet,
nie mehr verlieren.

SCHLEIFSPUREN

Unser Umgang
miteinander
ist manchmal
noch ziemlich
hart und eckig.

Aber du wirst
sehen:
Mit der Zeit
werden wir beide,
mit vereinten Kräften,
diese Ecken und Kanten
schon noch
rund und weich
bekommen.

MOMENTE

Es gibt viele Momente
zwischen dir und mir,
die mich so tief
berühren
und mir
so unter die Haut gehen,
dass ich in ihnen
versinken
und nie wieder
auftauchen möchte.

Und es gibt einige Momente
zwischen dir und mir,
die mir so tief
in die Knochen fahren,
dass ich
in der Versenkung verschwinden
und nie wieder
auftauchen möchte.

WORTKLAUBEREI

Damit wir
hin und wieder
die richtigen Worte
füreinander
finden,
darf es uns
um die vielen Worte,
die wir aneinander
bereits verloren haben,
verlieren
und verlieren werden,
nicht leid tun.

ZU SPÄT!

Rasend gern
hätte ich dich
umarmt,
oder wäre dir
einfach
um den Hals
gefallen.

Aber es ging
beim besten Willen
nicht mehr:
Du hattest mich
bereits
mit deinem Charme
gefesselt.

HERZ UND HIRN

Wer nur
seinen Gefühlen vertraut,
versinkt
allzu leicht im Morast
der Leidenschaften.
Wer nur
seinen Gedanken nachgeht,
verirrt sich
allzu leicht
im Labyrinth
des Denkbaren.
Wem es gelingt,
das Herz und das Hirn
an einen Tisch zu bringen,
wird diesen
nie mehr hungrig
oder durstig verlassen.
Wem es nicht gelingt,
Herz und Hirn
in Einklang zu bringen,
wird immer wieder
unter falschen Tönen
zu leiden haben.

ZUSAMMEN

Du bist
eine herzerfrischende
Melodie.

Ich bin
ein herzergreifender
Text.

Zusammen
sind wir
der herzzerreißende
Hit.

KEINE CHANCE

Aus lauter Angst
vor einem möglichen
Nein
von dir,
gelang es mir
nicht mehr,
ein bedingungsloses
Ja
zu dir
zu sagen.

Jagdszene

In unserer Beziehung
jagt
ein Höhepunkt
den anderen.

Ist nur schade,
dass sich
die beiden
noch nie
getroffen haben.

WEHMUT

Was zwischen uns
gewesen ist,
kann uns
niemand mehr
nehmen.

Was zwischen uns
nicht
zur Entfaltung kam,
kann uns
niemand mehr
geben.

MACH DIR KEIN BILD VON MIR

Mach dir
kein festes Bild
von mir.
Mach Fotos,
so viel du willst,
aber bitte:
kein fertiges Bild
zum Aufhängen
und Hängen lassen.

Ich will nicht
eingeordnet,
abgestempelt,
katalogisiert,
unbeweglich
und wehrlos sein.

Lass mir
bitte
die Freiheit,
alles sein zu können –
und nichts sein
zu müssen.

FANGEISEN

Tage- und nächtelang,
wochen- und monatelang
haben wir
Pläne geschmiedet.
Und dabei
gar nicht bemerkt,
dass wir dabei sind,
Fangeisen zu fertigen,
die uns
lebenslang
daran hindern würden,
frei zu sein füreinander,
Gelegenheiten
beim Schopf zu packen,
aufeinander
fliegen zu können.

Unerhört

Unerhört frech
wollten wir sein,
unerhört kreativ
und impulsiv.
Unerhört anders
wollten wir sein,
unerhört sensibel
und tolerant.
Unerhört modern
wollten wir sein,
unerhört ehrlich
und offen.
Unerhört lebendig
wollten wir sein,
unerhört geistreich
und gefühlvoll.
Das Einzige,
was davon blieb,
ist das unerhört
niederschmetternde Wort
unerhört.

EINSICHT

Wenn wir
es nicht
schaffen,
aufeinander
einzugehen,
dann geht
eben
unsere Beziehung
ein.

BEMERKENSWERT

Als wir uns
pausenlos
und fürchterlich
in den Haaren lagen,
da bemerkten
wir erst,
wie nahe
wir uns
bereits gekommen
waren.

RICHTIGSTELLUNG

Unsere Liebe
ist nicht tot!
Glaube mir!

Sie ist
lediglich
bei unserer
letzten Begegnung
frühzeitig
eingeschlafen …

GLÜCK GEHABT!

Dass ich dir
noch irgendwie
entkommen konnte,
das lässt mich
aufatmen.
Ich hätte nie geglaubt,
dass das Zusammensein
mit dir lebensgefährlich ist.
Du wärst doch
tatsächlich
fähig gewesen,
eine Mörderin zu werden –
noch dazu meine!
Mensch, bin ich froh,
dass ich dir
gerade noch rechtzeitig
entwischen konnte.

Du hättest mich,
langsam
aber sicher,
zu Tode
gelangweilt.

FEHLANZEIGE

Die Weite
einer engen Beziehung
konnte ich
bei dir
beim besten Willen
nicht finden.

So blieb mir
leider
nichts anderes
übrig,
als das Weite
zu suchen.

Alles ist möglich

Wenn es
die Liebe
schafft,
uns um den Verstand
zu bringen,
warum soll es dann
nicht auch
der Verstand schaffen,
uns um
die Liebe
zu bringen?

TROST

Nur eines
tröstet mich
über dein Verschwinden
aus meinem Leben
hinweg:
Du hast
unzählige Spuren
hinterlassen
in meinen Gedanken
und Gefühlen.

ZERBRECHLICH

Wir sollten
die berühmten drei Worte
„Ich liebe dich"
nicht allzu oft
fallen lassen.

Sie könnten
dabei
allzu leicht,
früher als uns
lieb ist,
zerbrechen.

Auf Biegen und Brechen

Biege mich
zurecht
für deine Form
von Liebe.

Aber wehe
dir,
wenn ich
daran
zerbreche.

SONNE UND SCHATTEN

Deine Schattenseiten
stören mich
nicht
mehr.

Denn ich
weiß und fühle,
dass du sonst
nicht
so viel Sonne
in mein Leben
bringen könntest.

WACHSTUM

Allzu viele
lassen ihre Liebe
qualvoll verdursten,
weil sie
in ihrer Beziehung
immer nur
Sonnenschein
haben wollen,
aber ja
keinen Regen
und keine Gewitter.

JAHRESZEITEN

Das Foto
in deiner Hand
erzählt noch
vom Sommer unserer Gefühle.
Aus deinen Augen aber
blickt bereits
der Herbst
durch die Nebelsuppe
dicker Missverständnisse.
Es wird
ein langer und harter Winter,
ahnt mein Herz.

Aber während
unsere Enttäuschungen
noch hart aufschlagen
auf dem tiefgefrorenen Boden
unserer Unfähigkeit,
fliegen
die ersten Sehnsuchtsboten
des kommenden Frühlings
bereits Richtung
mitten ins Herz.

SEHNSUCHT

Tag für Tag
grabe ich
frühmorgens
meine Sehnsüchte aus.

Abend für Abend
vergrabe ich
sie wieder
mit der Hoffnung,
dass sie
vielleicht
am nächsten Tag
Flügel bekommen
und der Schwerkraft
meiner Schwächen
ein Schnippchen
schlagen können.

Keine Angst mehr

Seit ich
begriffen habe,
dass es
im Leben
und in der Liebe
keine Sicherheit
geben kann,
habe ich
auch keine Angst
mehr,
sie zu verlieren.

NEULAND

Verlass
die verlockende Autobahn
des ruhelosen Zeitgeistes.
Vertraue
den Spuren der Gräser
auf der bunten Wiese
der Schöpfung.
Lass dich tragen
von der Leichtigkeit
eines einfachen Lebens.
Nimm mit,
was dich trägt -
lass los,
was dich fest-
und niederhält
auf dem Boden
der Gewohnheiten.

Wer immer nur
spurt,
hinterlässt
keine Spuren.

ABFANGJÄGER

Flügel,
Flügel hat sie noch,
die Hoffnung
auf die Verwirklichung
meiner traumhaften
Gedanken, Wünsche
und Sehnsüchte.

Aber fliegen,
fliegen kann sie,
so fürchte ich,
längst nicht mehr.
Allzu oft schon
wurde sie
von den unbarmherzigen
Abfangjägern der Marke
„Das tut man doch nicht!"
zu unsanften
und schmerzlichen Landungen
gezwungen.

LEBENSFÄDEN

Die Fäden,
an denen
unser Leben
hängt,
sind genauso stark
oder genauso stark
wie unsere Zuversicht,
dass unser Leben
einen Sinn hat.

GRUNDSATZ

Das Nebensächliche
darf uns
nie
so viel Platz
wegnehmen,
dass das Wesentliche
draußen
vor der Tür
Zuflucht suchen
muss.

Fata Morgana

Wenn die Angst,
den anderen zu verlieren,
größer wird
als die Freude,
einander gefunden zu haben,
versiegt die erfrischende
Quelle des Miteinanderseins
sehr schnell –
und aus der Oase des Glücks
wird ein Stück Wüste,
in der lediglich
höchstens
eine Fata Morgana
an das
Eswareinmalwunderschön
erinnert.

WAGNIS LIEBE

Es
kommt
darauf
an,
es
darauf
ankommen
zu lassen.

ENTTÄUSCHUNG

Immer,
wenn ich mir
mein Leben
so richtig schön
ausmalen möchte,
muss ich
feststellen,
dass mir noch
etliche Farben
dazu
fehlen.

Ursache und Wirkung

Es ist
wirklich wahr:
Jeder Mensch
kann Berge
versetzen.

Aber erst,
wenn ihm
das Leben
und die Liebe
Berge geben.

PROGRAMM

Mehr
zur Sprache bringen
als totschweigen.

Mehr
denken
als reden.

Mehr
fühlen
als denken.

Mehr
leben
als gelebt werden.

Das Um und Auf

Die Liebe
sollte
das Um und Auf
unseres Lebens sei.

Allzu viele aber
geben sich
mit dem Um
oder mit dem Auf
zufrieden.

HÖHEN- UND TIEFENANGST

Aus Angst
vor den Höhen und Tiefen
eines sinnlichen,
besinnlichen
und sinnreichen Lebens,
pflegen
viel zu viele,
sicherheitshalber,
ebenerdig
zu denken
und zu fühlen,
zu leben
und zu lieben.

KOSTENRECHNUNG

Der teuerste
und meistverkaufte
Leitspruch aller Zeiten
lautet:
Zeit ist Geld.

Er kostete
uns kostet
allzu vielen
ein sinnreiches
Leben.

FEHLSCHLAG

Wer ständig
versucht,
Veränderungen
in seinem Leben
zu umgehen,
der macht
mit der Zeit
einen großen Bogen
um das,
was das Leben
wirklich ausmacht.

KOMISCH

Ist es nicht
komisch,
dass Menschen,
denen es
immer wieder
problemlos gelingt,
aus Mücken
Elefanten zu machen,
sich so unheimlich
schwer tun,
aus Elefanten
Mücken zu machen?

GROSSE AUGENBLICKE

Es sind
immer wieder
große und herzerfrischende
Augenblicke,
wenn unsere kleinen,
leuchtenden Augen
die graue Nebelwand
der alltäglichen Gewohnheiten
durchdringen
und die Dunkelheit
ungewollter Missverständnisse
durchbrechen -
und dadurch
den Blick freigeben
zum Gipfel
unserer Glückseligkeit.

Was ist Liebe?

Die Liebe
ist ein Honiglecken,
summt die Biene.
Nein, die Liebe
ist eine Saure-Gurken-Zeit,
sagt die Essiggurke.

Die Liebe
ist die grimmige Kälte,
meint der Eisberg.
Nein, die Liebe
ist wohltuende Wärme,
entgegnet die Sonnenblume.

Die Liebe
ist das regennasse Erdreich,
erklärt der Regenwurm.
Nein, die Liebe
ist die Freiheit der Lüfte,
singt ein Vogel.

ZWIESPALT

Einerseits
liebe
ich
dich
über alles.

Andererseits
kann
ich
dich
auch
wahnsinnig gut
leiden.

An deiner Seite

Das Leben
an deiner Seite
hat zwei Seiten:
eine schöne
und eine
noch schönere.

STEINREICH

Du hast mir
viele Steine
und Steinchen
in den Weg
gelegt.
So wusste
ich aber immer,
wo es langgeht.
So bin ich
mit der Zeit
steinreich
an Erfahrungen
geworden –
und konnte damit
eine Brücke zu dir
bauen, die uns
hoffentlich
noch lange verbindet.

SAG ...

Sag deinen Gedanken,
dass ich
sie lesen möchte.
Sag deinen Gefühlen,
dass ich
sie entdecken möchte.
Sag deinem Lächeln,
dass ich
schon lange
hinter ihm her bin.
Sag deinem Herzen,
dass ich einen Platz
zum Leben suche.
Sag deinem Wesen,
dass es für mich
wesentlich geworden ist.
Sag deiner Liebe,
dass ich gar nicht
genug bekommen kann
von ihr.

UMWEG

Ich
liebe
die Umwege.

Am allerliebsten
komme ich
über dich
zu mir.

TREFFPUNKT

Ich
treffe
mich
mit dir
am liebsten
im
Wir.

GEHEIMNISVOLL

Du bist für mich
wie eine geheimnisvolle Tür.
Ich traue mich nicht
anzuklopfen,
geschweige denn
hindurch.

Du bist für mich
wie eine geheimnisvolle Tür.
Was ist dahinter?
Und:
Wie gehst du auf?
Nach innen
oder nach außen?

Du bist für mich
wie eine geheimnisvolle Tür.
Könnest du vielleicht,
wenn es dir
keine Umstände macht,
eventuell einmal
einen ganz kleinen Spalt weit
offen lassen?

LIEBESLITANEI

Ich liebe dich
mit Haut und Haaren,
mit Kopf und Kragen,
mit Leib und Seele,
mit Herz und Schmerz.
Ich liebe dich
bei Tag und Nacht,
in Saus und Braus,
auf Schritt und Tritt,
ohne Maß und Ziel.
Ich liebe dich
mit Pauken und Trompeten,
mit Blitz und Donner,
mit Stumpf und Stängel,
mit Ach und Krach.
Ich liebe dich
mit Feuer und Flamme,
mit Kind und Kegel,
außer Rand und Band,
ohne Wenn und Aber.
Ich liebe dich.
Dich und mich.

AUF DICH BAUE ICH

Ich glaube an dich,
weil du dich nicht
an Sicherheiten kettest,
die einen
nicht mehr loslassen,
dich nicht klammerst
an Dinge und Besitz.

Ich baue auf dich,
weil bei dir
noch Platz ist
für meine kleine Welt,
Träume und Sehnsüchte,
für Überraschungen und Neues,
Freudentänze und Tränen,
für Unmögliches und Handfestes.

Ich hoffe auf dich,
weil dein Maß
für die Liebe
noch immer
die Maßlosigkeit ist.

WECHSELBÄDER

Du bist so.
Einmal so, dann so.
Immer anders.

Du bist heiß oder kalt,
nie lauwarm.
Du bist manchmal
Zucker,
manchmal Salz.
Aber nie geschmacklos.

Du bist
wie ein überraschender Regenguss
oder ein Bündel Sonnenstrahlen.
Aber nie langweilig.

Du bist so.
Aber diese Wechselbäder
sind die beste Garantie dafür,
dass unsere Liebe
lebendig ist und bleibt.

ERKENNTNIS

Du
wärst
ganz sicher
das größte Rätsel
in meinem Leben,
wenn da nicht
ich
noch wäre.

FESTHALTEN

Nicht
den Menschen,
den wir lieben,
festhalten,
sondern
an der Liebe
zu ihm.

SCHLEICHWEG

Der Weg zu dir
ist alles andere
als leicht zu finden
und einfach zu gehen.

Aber
zu meinem Glück
kenne ich da
einen Schleichweg.

ÜBERRASCHUNG

Erwartet
habe
ich
DICH.

Gekommen
bist
DU.

Neue Sichtweise

Mit den Augen der Hoffnung
sehen wir weiter.
Mit den Augen des Herzens
sehen wir tiefer.
Mit den Augen der Liebe
sehen wir weiter
und tiefer.

Danksagung

Ohne dich,
ohne deine Stärken und Schwächen,
ohne dein Lächeln und deine Tränen,
ohne deine Worte und dein Zuhören,
ohne deine unbestechliche Ehrlichkeit
und deine ansteckende Fröhlichkeit,
ohne deine zärtlichen Berührungen
und deine handfesten Auseinanderset-
zungen,
ohne deine grenzenlose Zuneigung
und deine erbarmungslose Abneigung
gegenüber allem Gekünstelten,
allen Herz- und Hirnlosigkeiten –
ohne dich wäre die Welt
um vieles ärmer, kälter,
leerer und hoffnungsloser.

Gut, dass es dich gibt.

Aus dem Buch „Herznah"

WAS UNS GUT TUT

Anerkennende Worte
tun uns gut.
Fröhliche Blicke
tun uns gut.
Freundschaftliche Umarmungen
tun uns gut.
Herzliche Begegnungen
tun uns gut.
Wir täten gut daran,
uns gegenseitig
möglichst oft
Gutes zu tun.

Aus dem Buch „Du hast es mir angetan"

AUF DER SUCHE
NACH DEM GLÜCK

Für viele Menschen
hängt ihr Glück von
tausenden Dingen ab.
So fehlt ihnen
logischerweise
immer irgendetwas
zum Glücklichsein.

Wenn sie ihr Glück
allein von der Liebe
abhängig machen würden,
könnten sie ihr Glück
in tausenden Dingen
entdecken.

Aus dem Buch „Zusammen wachsen"

DA IST JEMAND

Da ist jemand, der mich nimmt,
wie ich genommen werden will;
der mich aufbaut, wenn
mich etwas niederdrückt;
der mich zu Herzen nimmt,
wenn mir etwas
über die Leber gelaufen ist;
der mir Gehör schenkt,wenn
mir das Leben Rätsel aufgibt;
der für mich ist, wenn
sich alles gegen mich
verschworen hat.

Da ist jemand,
mit dem ich zusammen wachsen,
vielleicht sogar
zusammenwachsen darf.

ERNST FERSTL

Geb. 1955 in Neunkirchen
(Niederösterreich),
lebt mit seiner Familie
in Zöbern/Bucklige Welt.
Schreibt Aphorismen,
Gedichte und Kurztexte.

ernstferstl@aon.at
www.gedanken.at

BEKANNTESTE SPRÜCHE

"Zeit, die wir uns nehmen,
ist Zeit, die uns etwas gibt."

"Gerade weil wir alle in einem Boot sitzen,
sollten wir froh darüber sein,
dass nicht alle auf unserer Seite stehen."

"Die mit Abstand beste Nerven-Heilanstalt
ist die freie Natur."

APHORISMENBÄNDE

1995: "Kurz und fündig", Va bene-V.
1995: "einfach kompliziert einfach", Va bene-V.
1996: "Unter der Oberfläche", Va bene-V.
1998: "Heutzutage", Freya-V. // 2006, Edition Nove
2000: "Zwischenrufe" , BOD // 2004, Geest V.
2002: "Lebensspuren" , Geest-V. // 2007, Asaro V.
2004: "Durchblicke" , Freya-V.
2005: "Wegweiser" , Asaro-V.
2006: "Bemerkenswert", Asaro-V.
2007: "Denkwürdig" , Asaro-V.
2009: "Gedankenwege"   Brockmeyer V.
2011: "Eindrücke" Brockmeyer V.
2012: "Zusätze"   Brockmeyer V.
2013: "Zugespitzt"   Brockmeyer V.
2014: „Ausgedrückte Eindrücke" BOD
2015: „Punktgenau" BOD
2017: „Wenn ein Wort sitzt,
        kann man es stehen lassen",
        Bellaprint Verlag